Meine Erinnerung an Gladstone

Goldwin Smith

Writat

Diese Ausgabe erschien im Jahr 2024

ISBN: 9789359946177

Herausgegeben von
Writat
E-Mail: info@writat.com

Inhalt

MEINE ERINNERUNG AN GLADSTONE

Seit dem Erscheinen der ersten Bände von Macaulays Geschichte hat es in der Verlagswelt kein so großes Ereignis mehr gegeben wie die Veröffentlichung einer Lebensgeschichte Gladstones von Herrn Morley. Auch die Erwartungen der Öffentlichkeit wurden nicht enttäuscht.

Obwohl ich viel mit Gladstone zu tun hatte, sowohl geschäftlich als auch privat, war ich nie sein Kollege und Partner seiner Berater wie Mr. Morley und hätte es auch nie sein können. Andererseits lebte ich in engster Vertrautheit mit Männern, die seine Weggefährten im öffentlichen Leben waren, und sah ihn durch ihre Augen.

Dieser Mann war körperlich und geistig ein wunderbares Wesen, wobei der geistige Teil gut durch den körperlichen gestützt wurde. Seine Gestalt zeugte von der nervösen Energie, die sie aufgeladen hatte . Sein Auge war intensiv leuchtend, obwohl der Rest seines Gesichts nichts Besonderes auf Genie hindeutete. Seine körperliche und geistige Kraft war so groß, dass er mehr als vier Stunden am Stück sprechen konnte, und zwar mit einer so anhaltenden Kraft und Frische, dass George Venables , ein äußerst anspruchsvoller und nicht übermäßig freundlicher Kritiker, sich nach vier Stunden zu einem Finanzthema wünschte, er könnte noch vier Stunden weitermachen. Seine Arbeitskraft war enorm. Einmal rief er mich zu sich, um mir bei der Ausarbeitung der Einzelheiten eines Universitätsgesetzes zu helfen. Er erzählte mir, dass er bis spät in die Nacht an dem Gesetzentwurf gearbeitet hatte. Wir arbeiteten gemeinsam von zehn Uhr morgens bis sechs Uhr nachmittags daran und sparten so anderthalb Stunden, die er in einem Geheimrat verbrachte, sodass ich mit dem Gesetzentwurf allein war. Als wir uns trennten, ging er hinunter ins Parlament, wo er am nächsten Morgen um ein Uhr sprach. Neben seinem Berg an Geschäften war er ein umfangreicher Autor zu anderen als politischen Themen und las eine große Menge an verschiedenen anderen Themen. Als Beweis seiner Lernfähigkeit erlangte er eine so perfekte Beherrschung der italienischen Sprache, dass er eine lange Rede halten konnte, in der Professor Villari nur zwei Fehler entdecken konnte, und zwar lediglich die Verwendung eines poetischen statt eines gewöhnlichen Wortes.

Wie Pitt war Gladstone ein ausgezeichneter Schläfer. Als er sich mitten im Krimkrieg durch seinen Austritt aus der Palmerston-Regierung großen Schmähungen und heftigen Angriffen ausgesetzt hatte, sprach einer seiner engen Freunde mit mir über ihn und sagte, er sei in einem so extremen Erregungszustand, dass er sich kaum gern in seine Nähe begeben wolle. Am nächsten Tag hatte ich etwas mit ihm zu tun. Er verließ das Zimmer, um einen Brief zu holen, und ließ mich bei Mrs. Gladstone zurück, der ich sagte, ich fürchte, die Angriffe würden ihn schwer belasten . Sie antwortete, das sei der Fall, aber er würde von der aufregendsten Debatte nach Hause kommen und sofort in tiefen Schlaf fallen. Eine schlechte Nacht, sagte sie , wenn er je eine gehabt habe, verstöre ihn. Aber das sei sehr selten. Er führt eine Chronik seiner guten und schlechten Nächte auf und zeigt, wie sehr er das Bedürfnis nach tiefem Schlaf verspürte. Im hohen Alter unternahm er lange Spaziergänge und fällte Bäume, unterhielt sich mit unerschöpflicher Lebhaftigkeit und schien abends der letzte der Gruppe zu sein, der zu Bett gehen wollte. Gleichzeitig hat er viel gearbeitet.

Der Held war gern von seiner schottischen Abstammung überzeugt. Sein Wohnsitz war jedoch Liverpool, und sein Vater war ein westindischer Grundbesitzer und Sklavenhalter ; ein Umstand, der vielleicht nicht ganz ohne Einfluss auf ein oder zwei Abschnitte seines Lebens war. Zu seiner schottischen Schläue und seinem Geschäftstalent kamen in Eton und Oxford höchste englische Bildung. In Eton lernte er damals nur die klassischen Sprachen. Aber die Jungen interessierten sich sehr für öffentliche Angelegenheiten, da viele von ihnen aus politischen Häusern stammten. Es gab einen lebhaften Debattierclub namens „Pop", dessen Star Gladstone war. In Oxford ergänzte er die klassischen Sprachen um Mathematik und erhielt in beiden Fächern die höchste Auszeichnung . Auch dort war er der Star des Debattierclubs. Es war eine schöne Zeit für angehende Debattierer, die Epoche des großen Kampfes um das Reformgesetz. Gladstone führte vehement und glorreich auf der Seite der Tories. Das Ergebnis war, dass sein Studienkollege Lord Lincoln ihn seinem Vater, dem alten Herzog von Newcastle, dem höchsten Tory, als vielversprechendsten Rekruten vorstellte, und Gladstone wurde für Newark, eine unter dem Einfluss des Herzogs stehende Gemeinde, ins Parlament gewählt . Ich durfte die Korrespondenz lesen, und sie enthält nichts, was die Unabhängigkeit des jungen Mannes herabwürdigt.

Oxford war das Zentrum des Klerikertums und des Toryismus, und der Vormarsch des Liberalismus bedrohte die anglikanische Staatskirche ebenso wie die Oligarchie der Rotten Boroughs. Die traktarische Bewegung der priesterlichen Reaktion war bereits im Gange. Gladstone nahm den kirchlichen wie den politischen Geist des Ortes in sich auf und schloss eine dauerhafte Freundschaft mit den Urhebern der Mediävalisierungsbewegung . Er veröffentlichte eine Verteidigung der anglikanischen Staatskirche, die, wie wir wissen, von Macaulay furchtbar zerrissen wurde . The Reviewer endet jedoch mit einer Verteidigung religiöser Einrichtungen, die tatsächlich schwächer ist als alles bei Gladstone. Der Staat hat laut Macaulay, obwohl Religion nicht sein eigentliches Geschäft ist, etwas Zeit und Energie übrig, die er sinnvoll der Regulierung der Religion widmen kann.

Gladstone legte nach und nach seinen extremen Establishmentismus ab. Schließlich kam er dazu, die Kirche in Irland von der Staatsbürgerschaft zu trennen und sich für die Trennung in Wales einzusetzen. Aber er blieb der Kirche von England fest verbunden, umgeben von Freunden der High Church, die ihm wirklich näher am Herzen lagen als jeder andere, zutiefst, ja leidenschaftlich, an all ihren Fragen interessiert und ein eifriger Autor auf ihrer Seite waren. Er wurde verdächtigt , ein Papist zu sein. Ein Papist war er ganz sicher nicht. Niemand könnte der päpstlichen Usurpation stärker ablehnend gegenüberstehen. Seine besondere Sympathie galt den antipäpstlichen und antiinfallibilistischen Katholiken wie Döllinger und Lord Acton. Sein religiöser Glaube war einfach und tiefgründig; so einfach, dass er in diesem skeptischen Zeitalter weiterhin an die vollkommene Inspiration der Bibel und an den mosaischen Schöpfungsbericht glaubte. Er behielt seinen unerschütterlichen Glauben an die Vorsehung und an die Wirksamkeit des Gebets. Dies wird in seinen Meditationen ständig und deutlich sichtbar. Gleichzeitig wurde er tolerant gegenüber freier Forschung als gewissenhafter Suche nach der Wahrheit. Trotz seines Anglikanismus und seiner vermuteten Neigung zu Rom fühlten sich viele Nonkonformisten, insbesondere die Anführer, aus religiösen Gründen zu ihm hingezogen und unterstützten ihn politisch. Lord Salisbury nannte ihn „einen großen Christen". Eine treffendere Beschreibung hätte man ihm nicht geben können . Er hatte darüber nachgedacht, die Priesterweihe anzunehmen. Davon wurde er glücklicherweise abgehalten, aber er scheint es gemocht zu haben, die Predigten in einer halbklerikalen Weise zu halten, indem er in der Kirche von Hawarden die Lesungen vortrug.

Gladstones Eifer im Dienste seiner Nation und der Menschheit, seine Treue zum Recht und sein Hass auf Tyrannei und Ungerechtigkeit sowie sein gewissenhafter Fleiß wurden von spirituellen Einflüssen getragen, und das Christentum hat das Recht, sich auf seinen Charakter zu berufen, um nicht seine Dogmen, sondern seine Prinzipien zu unterstützen.

Der erste Schritt zur Emanzipation aus der Knechtschaft der Staatskirche war merkwürdig und bezeichnend. Peel, in dessen Regierung Gladstone damals war, schlug eine Erhöhung der Subventionen für Maynooth vor . Gladstone zollte dem Prinzip der „Kirche in ihrer Beziehung zum Staat" Tribut, indem er sein Amt niederlegte. Dann, mit der Begründung, dass das andere Prinzip sich durchgesetzt hatte, stimmte er für die Subventionen und kehrte in die Regierung zurück. So kann man sehen, wie die Idee einer gewissen Verdrehtheit mit seiner Karriere verbunden wurde . Erbitterte Feinde warfen ihm sogar Doppelzüngigkeit vor. Er hatte die Angewohnheit, die seinem Biographen bekannt zu sein scheint, seine Worte für eine doppelte Auslegung offen zu machen, vielleicht die Folge des Bewusstseins, dass seine Gedanken sich bewegten und dass seine Position geändert werden könnte. Er hatte auch eine Abneigung dagegen, Veränderungen zuzugeben, und die Angewohnheit, seine rückwirkende Vorstellungskraft einzusetzen, um zu beweisen, dass es keine Widersprüche gab, was sich negativ auswirkte, insbesondere in einem Fall wie seiner plötzlichen Koalition mit Parnell.

Der Wert des Rekruten wurde sofort erkannt und die Tür des Amtes wurde ihm sofort von Peel geöffnet, der immer auf der Suche nach jungen Talenten war und sich, vielleicht mehr als jeder andere Premierminister, daran machte, eine Reihe von Staatsmännern für das Land auszubilden. Obwohl Peel selbst der am wenigsten Exzentrische der Menschheit war, zeigte er in mehr als einem Fall, dass er einen Hauch von Exzentrizität übersehen konnte, wo echte Verdienste und echte Arbeit dahintersteckten. Als Vizepräsident des Handelsministeriums mit einem für ihn völlig neuen Thema betraut, rechtfertigte Gladstone sofort Peels Vertrauen und Urteilsvermögen. Vielleicht war das Amt für ihn gewählt worden, weil seine Exzentrizität dort keine Rolle spielte. Er diente Peel bewundernswert gut und war seinem Vorgesetzten gegenüber vollkommen treu. Aber nach den Dingen, die ich ihn sagen hörte, bezweifle ich, dass er Peel sehr liebte. Peel verabscheute die Tractarianer; die Tractarianer hassten Peel ; und einige der Tractarianer lagen Gladstone am nächsten.

Peels Regierung war in der Frage der Getreidegesetze von einer Vereinigung von konservativen Protektionisten, Whigs, Radikalen und irischen Nationalisten gestürzt worden, die der Herzog von Wellington mit militärischer Offenheit charakterisierte. Die Vereinigung bestand aus semitischen Protektionisten, Whigs, Radikalen und irischen Nationalisten, die alle unter semitischem Einfluss standen. Ihr Chef hielt sich für den kurzen Rest seines Lebens aus dem Parteikampf heraus, ermutigte keine neuen Vereinigungen und begnügte sich damit, über die Sicherheit seiner großen Steuerreform zu wachen. Wäre jedoch, wie Greville sagt, über das Amt des Premierministers abgestimmt worden, wäre Peel mit überwältigender Mehrheit gewählt worden. Seine persönliche Gefolgschaft, die sogenannten Peeliten , Graham, Gladstone, Lincoln, Cardwell, Sidney Herbert und die anderen, blieb zwischen den beiden großen Parteien hängen. Als Disraeli die Protektionisten einführte, wie er es von Anfang an vorhatte, war die einzige prinzipielle Barriere zwischen den Peeliten und den Konservativen beseitigt . Der konservative Führer Lord Derby machte Gladstone, dessen immenser Wert als Finanzier hinlänglich bekannt war, Avancen, und es herrschte die allgemeine Meinung, dass Gladstone das Angebot angenommen hätte, wenn Disraeli nicht im Wege gestanden hätte. Doch Disraeli stand im Weg, obwohl er anbot, auf seine Forderungen zu verzichten, und das Ergebnis war, dass die Peeliten , angeführt von Gladstone, sich mit den Whigs zusammenschlossen und zur Bildung der Koalitionsregierung von Lord Aberdeen beitrugen.

Mr. Morley hat zu Recht gesagt, dass Gladstones Geist durch den Kreuzzug, zu dem ihn seine Menschlichkeit gegen die Ungerechtigkeiten und Grausamkeiten der Bourbonenregierung in Neapel trieb, einen Impuls in die liberale Richtung erhielt . Obwohl es nicht revolutionäre Gefühle, sondern Eifer für Gerechtigkeit und Hass auf Ungerechtigkeit waren, die ihn bewegten, konnte sich sein Herz dem lauten und leidenschaftlichen Beifall der Mazzinianer und aller, die in Europa gegen die Traditionen der Heiligen Allianz kämpften, nicht verschließen, während alle Mächte der Reaktion, politisch oder kirchlich, ihn anprangerten und selbst der gute Lord Aberdeen vor allem zurückschreckte, was die Revolution zu fördern schien oder darauf hindeutete, dass die Wiener Verträge wirkungslos waren. Die berühmten Briefe ließen Europa erzittern und ließen alle Mächte der Tyrannei und Ungerechtigkeit auf ihren Thronen erzittern. Selten, wenn überhaupt, hatte ein privates Manifest eine solche Wirkung. Neben Menschlichkeit und Eifer für die Gerechtigkeit empfand Gladstone auch ein starkes Nationalgefühl , das er durch seine Förderung der Emanzipation der Ionischen Inseln und ihren Anschluss an Griechenland zum Ausdruck brachte.

Sobald Gladstone eine Karriere begonnen hatte, war er sicher, den Geist der Bewegung in sich aufzunehmen und die Führung zu übernehmen. Sein Liberalismus übertraf bald den der Whigs. Als der auffälligste Abtrünnige aus dem Tory-Lager wurde er zum besonderen Objekt der Abneigung des Carlton Clubs, der ihn gern als verrückt bezeichnete. Ein Mitglied des Carlton Clubs soll zu einem Mitglied des Reform Clubs gesagt haben: „Ich bin als Führer viel besser dran als Sie, mein Führer ist nur ein skrupelloser Intrigant; Ihrer ist ein gefährlicher Wahnsinniger." Es ging die Geschichte um, dass Gladstone den gesamten Inhalt eines Spielzeugladens gekauft und bestellt hatte, ihn sich nach Hause zu schicken . Dies wurde mir einmal in so ausführlicher Form zu Ohren gebracht, dass ich Lady Russell fragte, ob sie glaube, dass es wahr sein könne. Ihre Antwort war: „Ich fange an zu glauben, dass es wahr ist, denn ich habe es seit zehn Jahren in jeder Sitzung gehört."

Man muss zugeben, dass Gladstone impulsiv war, und diese Impulsivität war nicht nur die Quelle von Sticheleien gegenüber seinen Feinden, sondern manchmal auch der Besorgnis seiner Freunde. „Was ich an Gladstone fürchte", sagte Erzbischof Tait, „ist seine Leichtfertigkeit." Dass er Verantwortung leicht abschütteln konnte, glaube ich selbst gesehen zu haben. Aber ein Mann, auf dem eine so schwere Verantwortungslast ruht, würde daran zugrunde gehen, wenn er deren volles Gewicht spüren würde, und aus Leichtfertigkeit kann man nicht auf mangelnde Gewissenhaftigkeit schließen.

Es muss, ja offensichtlich war es, sehr gegen den Strich gegangen sein, dass der große Minister für Frieden und Wirtschaft in den Krimkrieg zog. Er scheint versucht zu haben, sich einzureden, dass das Ergebnis letztlich die

Kontrolle der Türkei sein würde. Bedeutender war sein Entschluss als Schatzkanzler und Inhaber der Kasse, die Generation, die den Krieg führte, so weit wie möglich durch Steuern dafür bezahlen zu lassen, und nicht die Last durch Kredite auf die Nachwelt abzuwälzen. Mr. Morley hat Recht, wenn er Lord Stratford de Redcliffe , den damaligen unglücklichen Botschafter in Konstantinopel, als Hauptverantwortlichen für den Krieg anführt. Außer seinem Hass auf Russland hegte der Botschafter einen persönlichen Groll gegen den Zaren. Aber mit ihm verschworen sich Palmerston, ein zutiefst antirussischer Mann, der Vater des Chauvinismus, der vielleicht nicht abgeneigt war, den friedfertigen Lord Aberdeen zu ersetzen, und der Kaiser der Franzosen, der Ruhm zur Vergoldung seines usurpierten Throns und eine bessere gesellschaftliche Stellung im Kreis der Könige wollte, die er erlangte, indem er die britische Königin öffentlich umarmte. Mitten im Krieg verließ Gladstone das Ministerium, das nach seinem Sturz unter Lord Aberdeen unter Palmerston neu aufgebaut worden war; nicht so sehr, wie ich vermute, weil Palmerston Roebucks Untersuchungsantrag nicht widersprach, gegen den es sinnlos war, sich zu wehren, sondern weil er selbst den Krieg gründlich satt hatte. Ich war gerade eines Morgens zufällig geschäftlich bei ihm, und am Ende dieser Gespräche begann er mit mir oder vielmehr mit sich selbst über die Lage zu sprechen. In seiner homerischen Art sagte er, wenn die Trojaner Helena und ihre Schätze zurückgegeben hätten – so seine homerische Bezeichnung für die Wiener Bedingungen –, hätten die Griechen die Belagerung Trojas aufgehoben. Ich hatte nicht das Glück gehabt, im griechischen Hauptquartier zu sein; aber ich konnte nicht umhin zu sehen, in welcher Stimmung das britische Volk war und wie aussichtslos es damals war, mit ihnen über vernünftige Friedensbedingungen zu verhandeln. Hätte Gladstone, statt mitten im Krieg davonzurennen, den Mut aufgebracht, den er im Allgemeinen im Überfluss hatte, um sich ihm von Anfang an entgegenzustellen, hätte er sich im Moment vielleicht Schmähungen zugezogen , aber er hätte bald festgestellt, dass er, um Salisburys Metapher umgekehrt zu verwenden, auf das richtige Pferd gesetzt hatte. Das Gras war kaum über die Gräber auf den Höhen von Sebastopol gewachsen, als jeder den Krieg verurteilte.

Nach einigen politischen Umdrehungen wird Gladstone zum Schatzkanzler unter Palmerston, der das Vermögen dieser Regierung durch seine meisterhaften Haushaltspläne und deren glänzende Darstellung im Parlament begründet. Wenn Palmerston der Vater des Chauvinismus war, dann war Gladstone sein Erzfeind . Der Premierminister sagte, er lebe für die beiden Dinge, für die er lebte, die Abschaffung der Sklaverei und die militärische Verteidigung Englands, aber Gladstone widmete sich der ersten nicht mit besonderem Eifer und der zweiten mit großer Vorsicht. Palmerston war ein kaufmännischer Liberaler und erkannte den immensen Wert eines solchen Schatzkanzlers für seine Regierung. Aber man glaubt, er habe gesagt, wenn er nicht mehr da sei, werde Gladstone in zwei Jahren die Mehrheit von siebzig Abgeordneten in eine Minderheit verwandeln und in vier Jahren selbst in einer Irrenanstalt säßen. Es war bekannt , dass er nicht Gladstone, sondern Cornewall Lewis als seinen Nachfolger in der Führung haben wollte . Die Situation für diesen hoch angesehenen Gelehrten und Staatsmann , der das Parlament mit Gladstone an seiner Seite führte, wäre sehr angenehm gewesen !

Eine Frucht, eindeutig Gladstonianisch, trug die Palmerston-Regierung. Diese Frucht war der Handelsvertrag mit Frankreich, der durch Cobden ausgehandelt wurde, der mit Bright Palmerstons besondere Abneigung teilte. Cobden vermutete sogar, dass Palmerston es nicht bedauert hätte, wenn der Vertrag gescheitert wäre, und dass er seine Gefühle während der Verhandlungen durch sein Verhalten und seine Sprache gegenüber Frankreich verriet. Es gab nichts im Vertrag, was einer vernünftigen Politik des Freihandels entgegenstehen konnte. Einige Liberale neigten dazu, Einwände dagegen zu erheben, nicht weil er mit dem Freihandel unvereinbar war , sondern weil er uns in gewissem Maße zu Komplizen bei einem Vorrecht des Kaisers der Franzosen machte, der die Macht, Verträge abzuschließen, nutzte, um ohne die Autorität seiner Legislative eine Änderung des französischen Steuersystems durchzusetzen.

Einige könnten gegen Gladstones Steuersystem Einwände erheben, die darin bestehen, dass es die Einkommensteuer beibehält, wenn auch reduziert, die ursprünglich nur eingeführt wurde, um das Steuersystem während einer großen Veränderung zu stützen, mit dem Versprechen, dass die Steuer nach der Veränderung abgeschafft würde; und dass es so stark vom Konsum einiger wichtiger Artikel abhängt. Nehmen wir beispielsweise an, Tabak käme aus der Mode, wie es einige Gesundheitsbehörden behaupten, und es würde ein ernstes Loch im Haushalt entstehen.

Der große Meister der Finanzen achtete, obwohl er sich im größten Maßstab damit befasste, gewissenhaft auf das öffentliche Interesse bei den kleinsten Ausgabendetails. Er betrachtete öffentliche Gelder als heilig und jede Verschwendung, wie unbedeutend sie auch sein mochte, als kriminell. Sein Biograph hat uns amüsante Beispiele seiner gewissenhaften Geizhalsigkeit in kleinen Dingen gegeben. In einem Fall war seine Geizhalsigkeit jedoch fehl am Platz. Er missgönnte den Richtern ihre hohen Gehälter. Öffentliche Gelder können nicht besser ausgegeben werden, als die besten Männer von der Anwaltskammer auf die Richterbank zu holen. Die Beschleunigung der Geschäfte, die durch ihre Führung ihrer Gerichte gewährleistet wird, wäre an sich den Preis wert, abgesehen von der Sicherheit der Gerechtigkeit.

Zu den weiteren Relikten von Gladstones Konservatismus gehörte sein Festhalten an seinem Parlamentssitz für die Universität Oxford, in dem er von einer ziemlich merkwürdigen und prekären Allianz aus Mitgliedern der Hochkirche, die für den Mitglied der Hochkirche stimmten, und Liberalen, die für den progressiven Liberalen stimmten, unterstützt wurde. Diese Kombination wurde extrem beansprucht, als Palmerston, in dessen Regierung Gladstone angehörte, Shaftesbury, den Laienführer der Evangelikalen, zu seinem Minister für kirchliche Angelegenheiten machte und ihm erlaubte, weiterhin Mitglieder der Niederkirche zu fördern. Aber die Tories haben nie einen größeren Fehler gemacht als Gladstone aus seinem Sitz in Oxford zu vertreiben. Indem sie ihn von Oxford nach Liverpool schickten, nahmen sie ihm, um seine eigenen Worte zu verwenden, den Maulkorb ab . Ich glaube, dass am Tag seiner Vertreibung die Bibel der Statue von James I. auf dem Torturm der Bodleian-Universität aus der Hand fiel, ein Omen für die Trennung von Kirche und Staat. Da der Stein sehr brüchig war, war der Sturz kein Wunder , obwohl er seltsam passend war.

Es war jedoch ein Fehler zu sagen, dass die Trennung der irischen Kirche ein Thema bei den Oxford-Wahlen gewesen sei. Ich tauschte mich in diesem Punkt mit meinem Freund Sir John Mowbray aus, der Vorsitzender des Tory-Komitees gewesen war, und stimmte mit mir darin überein, dass die irische Kirche kein Thema war. Gladstone griff die Trennung Irlands auf, die lange Zeit auf dem liberalen Programm gestanden hatte , als er von Disraeli wegen der Frage der Ausweitung des Wahlrechts aus dem Amt gedrängt worden war . Er war ehrgeizig, zum Glück für das Land, und er wollte die Mittel zurückgewinnen, Großes zu vollbringen. Seine Bewunderer brauchen vor diesem Bekenntnis nicht zurückzuschrecken. Aber er war auch aufrichtig davon überzeugt – und das war er auch, und das waren alle Liberalen –, dass die irische Staatskirche die am wenigsten vertretbare Institution der Welt war. Er formulierte sein Vorhaben, erläuterte es und brachte es in seiner üblichen meisterhaften Art durch das Parlament; und die anglikanische Kirche in Irland, so wird angenommen, hat sich seither durch diese Maßnahme verbessert gefühlt. Gladstones Freunde aus der High Church in England vergaben ihm seufzend. Die irische Staatskirche war von der englischen getrennt, gehörte zur Low Church und war gegen alles Katholische, von lokalen Feindseligkeiten bis hin zur römisch-katholischen Kirche.

Vor seinem Zusammenschluss mit den Liberalen hatte Gladstone die Einmischung des Parlaments in die Angelegenheiten der Universitäten von Oxford und Cambridge mit der Begründung missbilligt, dass es sich dabei um private Stiftungen handele, in die sich das Parlament nicht einmischen dürfe; und als er seine Oxford Reform Bill einbrachte , musste er eine seiner Kunststücke nachträglicher Erklärungen vollbringen. Aber wie üblich machte er seine Arbeit gut, obwohl noch mehr zu tun blieb. Durch seine

Gesetzgebung wurden die Universitäten, so klerikal seine Sympathien auch waren, vom Klerikertum befreit , der Wissenschaft wieder geöffnet und wieder mit der Nation vereint. Unsere Oxford Bill wurde im Unterhaus übel zerstückelt , da einige fehlgeleitete Liberale Disraeli in die Hände spielten, der natürlich Böses im Sinn hatte. Als die Bill in ihrem verstümmelten Zustand dem Oberhaus vorgelegt wurde, schien es, dass der Tory-Führer Lord Derby, obwohl er sich verpflichtet fühlte, gegen die Ministermaßnahme zu sprechen, nicht wirklich bereit war, sie abzulehnen, und dass er folglich keine Fraktionszwangsbefugnis auf seiner Seite hatte. Den für das Gesetz zuständigen Ministern wurde dann vorgeschlagen, die Änderungsanträge des Unterhauses im Oberhaus abzulehnen und das Gesetz in seiner ursprünglichen Fassung an das Unterhaus zurückzuschicken, wo unsere Freunde zu diesem Zeitpunkt besser beraten sein könnten und die Oppositionsbänke am Ende der Sitzungsperiode ausgedünnt sein könnten. Russell, der damalige Führer im Unterhaus, verurteilte den Vorschlag als äußerst voreilig und als wahrscheinlich , dass er das Ende des Gesetzentwurfs bedeuten würde. Gladstone lag krank da, seltsamerweise an Windpocken erkrankt . Als ich ihn anrief, wurde sofort das Signal zum Kampf gegeben, wovon ich überzeugt war, dass es so sein würde; und das Ergebnis war genau das, was wir wollten.

Im Zusammenhang mit dieser Gesetzgebung, die die Stiftungshochschulen von Oxford und Cambridge betraf, kann man sagen, dass der Grundsatz praktisch übernommen wurde , wenn auch nicht formell festgelegt, dass der Gesetzgeber nach Ablauf von fünfzig Jahren nach dem Tod eines Stifters frei über alle seine Bestimmungen verfügen kann, solange das Hauptziel seiner Stiftung gewahrt bleibt. Die Annahme, dass die Testamente der Stifter trotz des Zeitablaufs und der völligen Veränderung der Umstände für immer unantastbar seien, hatte, wie es immer passieren musste, zu einer Perversion geführt und zur Vereitelung des Hauptziels der Stifter selbst.

Er , der in seiner Jugend durch seine rhetorische Opposition gegen das Reformgesetz von 1832 die Gunst der engstirnigsten Tory-Gönner und den Zugang zum öffentlichen Leben gewonnen hatte, war dazu bestimmt, in seiner Reife ein Reformgesetz zu verabschieden, bei dessen Gedanken die Reformer von 1832 erschauert wären. Das Reformgesetz von 1832 hatte der Mittelklasse das Wahlrecht gegeben, aber durch die Abschaffung des Scot-and-Lot-Borough die Arbeiterklasse der geringen Vertretung beraubt, die sie besaß. Darüber hinaus war die gesetzgebende Übermacht der Landbesitzer, die das House of Lords und einen großen Teil des Unterhauses für sich allein hatten, zu groß für das Allgemeinwohl. Dies waren die besten Gründe für eine Ausweitung des Wahlrechts, während die Whig-Partei und ihr Führer Russell vielleicht, wie es bei Parteien üblich ist, wenn ihre Segel gegen den Mast flattern, ein wenig Volkswind wehen wollten. Das Wahlrecht wurde größtenteils durch das gegenseitige Werben der Parteien um Popularität ausgeweitet . Russell war seit einiger Zeit mit Reformen beschäftigt und hatte sich mehr als einmal in diese Richtung bewegt, war aber geschickt von Palmerston beiseite geschoben worden, der zwar von Beruf Liberaler und in der Außenpolitik Revolutionär war oder diesen Charakter vortäuschte, in der Innenpolitik aber im Herzen ein Tory war und allgemeinen Behauptungen des Wahlrechts der Männer als „Teilhaber unseres Fleisches und Blutes" und mutmaßlich Anspruch auf einen Platz „innerhalb der Grenzen der Verfassung" mit dem Aphorismus begegnete, dass „das einzige Recht jedes Mannes, jeder Frau und jedes Kindes darin besteht, gut regiert zu werden". Man konnte nicht sagen , dass die Reformbewegung, jedenfalls südlich von Birmingham, sehr stark war. Der von Gladstone eingeleiteten umfassenden Reform wurde in einigen sehr denkwürdigen Reden von Robert Lowe entgegengetreten, einem Hocharistokraten, nicht von Geburt, sondern von Intellekt, der sich als letzter gegen die Demokratie und für eine Regierung durch den Verstand auflehnte . Er und seine Fraktion, von den regulären Parteimännern „die Höhle von Adullam " genannt, halfen Disraeli, das Gesetz zu Fall zu bringen. Disraeli brachte daraufhin einen nicht weniger radikalen eigenen Gesetzentwurf ein und brachte ihn durch, den die konservativen Gentry unter der Parteiführung, die Disraeli als „Bildung" bezeichnete, kläglich unterstützte, während Robert Lowe fast unter Tränen an ihre Konsequenz appellierte, aber vergebens. Disraeli nutzte so die Popularität des Gesetzes und konnte sagen, die Tories seien die wahren Freunde der Massen. Aber abgesehen davon sah Disraeli aus dem Fenster, was Gladstones Kritiker, vielleicht nicht ganz ohne Grund für ihre Sticheleien, nicht taten, und er hatte die große Tatsache erkannt und sich zu Herzen genommen, dass es in der Masse viele gab, die sich wenig um Liberalismus oder Fortschritt kümmerten und die unter geschickter Führung eher dazu neigen würden, die Tories zu wählen.

Ein Thema wie der Französische Krieg verlieh den großen Reden von Pitt und Fox ein außerordentliches Interesse. Ansonsten stehen ihre besten Bemühungen Gladstones Rede für die Ausweitung des Wahlrechts nicht nach , obwohl Gladstones Stil sich von ihrem unterscheidet. Gladstones Reden sind keine Literatur. Er sprach ohne Notizen, und kein Mensch kann Literatur *ex tempore vortragen* . Auch finden sich keine Passagen von außergewöhnlicher Brillanz. Dafür fehlte ihm die Vorstellungskraft. Aber die Reden sind meisterhafte Darlegungen der Maßnahme und der Argumente dafür , stets würdevoll, eindrucksvoll und überzeugend. Die Sprache ist ausnahmslos gut und klar ; erstaunlicherweise sogar, wenn man das Fehlen von Notizen bedenkt, obwohl sie etwas weitschweifig ist und vielleicht durch zu viel Übung in Debattierklubs, als der Sprecher jung war, an Frische verloren hat. Die Stimme, das Benehmen und das Auftreten des Redners waren überragend und erfüllten selbst den unwilligsten Zuhörer mit Entzücken.

Gladstones vielfältige Lektüre scheint keinen großen Anteil an Geschichte oder politischer Philosophie umfasst zu haben. In seinen Schriften hat er nichts Wichtiges in Bezug auf die Politikwissenschaft hinterlassen, noch scheint er sich eine klare Vorstellung von dem Staatswesen gemacht zu haben, das er schaffen wollte. Sein Leitgedanke, nachdem er sich von seinem frühen Toryismus gelöst hatte, war die Freiheit, von der er offenbar dachte, sie sei von sich aus die Quelle alles Guten. Vielleicht hatte er etwas von Russell übernommen, dessen Leitprinzip es war, dass das Volk nur Verantwortung brauchte, um weise und richtig zu handeln. Er hatte anscheinend keine Vorstellung von einem anderen Regierungssystem als dem Parteisystem, das er zu behandeln schien, als sei es seit jeher und allgemein, während es aus dem Kampf für eine verfassungsmäßige Regierung gegen die Stuarts entstanden war. Sogar was die Wirkungsweise der britischen Verfassung betrifft, sind seine Ansichten nicht sehr klar. Er bekundete und empfand wahrscheinlich auch den höchsten Respekt vor den Lords; Doch als sie ihre verfassungsmäßige Rolle spielten, indem sie seine Gesetzesentwürfe ablehnten, die sie nicht billigten, prangerte er sie als Verfassungsverletzer an. Hatte er die Absicht, die absolute Macht einer Versammlung zu übertragen, die durch das Wahlrecht der gesamten oder beinahe gesamten Männerschaft gewählt wurde?

Gladstones Ehrerbietung der Krone ging zumindest so weit, wie es jedem außer Anhängern des politischen Fetischismus angemessen erschien oder wie es unserer Ansicht nach mit der Würde einer so bedeutenden Person und des wahren Staatsoberhaupts völlig vereinbar ist. Dennoch war er, wie man wusste, kein Liebling des Hofes, und es ist ziemlich offensichtlich, dass Ihre Majestät die Gelegenheit, ihn mit der Regierungsbildung zu beauftragen, nicht gerade ergriff. Bei all ihren persönlichen Tugenden und Reizen war sie eine echte Enkelin Georgs III., sie hegte, wie uns anscheinend aus bester Quelle berichtet wurde, die Ideen des Gottesgnadentums und verband sich weniger mit den Hannoveranern als mit den Stuarts. Der progressive Liberalismus konnte ihr kaum gefallen. Darüber hinaus war sie eine Frau, und in einem Wettstreit in Schmeicheleien hätte Gladstone gegen seinen Rivalen keine Chance gehabt.

Es ist ziemlich verblüffend, aus diesem Leben zu erfahren, wie sehr sich die verantwortliche Regierung des Königreichs durch Verantwortungslosigkeit einmischt und wie sehr die Zeit und Energie eines Menschen durch die Korrespondenz mit dem Hof beansprucht wird, der die Last des Atlas auf seinen Schultern trägt. Eine andere Sache, die den Freunden der persönlichen Regierung, die sich so sehr bemüht haben, durch Pomp und persönliche Verehrung das monarchische Gefühl zu stimulieren, durchaus auffallen sollte, ist die vertrauliche Beschäftigung von Hofsekretären wie Sir Herbert Taylor unter Georg IV. im Verkehr zwischen dem Souverän und dem Minister. Wenn sie die persönliche Macht wiederbelebt haben, stellen sie möglicherweise fest, dass diese in Wirklichkeit nicht vom Königshaus selbst ausgeübt wird, sondern von einem oder mehreren aufstrebenden Mitgliedern des Haushalts.

Gladstones Erklärung, Jefferson Davis habe in einem kritischen Moment des amerikanischen Krieges eine Nation geschaffen, war für die Freunde des Nordens in den Vereinigten Staaten und in England ein schwerer Affront. Aber er sühnte dies durch offene und ehrenhafte Reue. Als Tatsachenbehauptung war sie nur insofern unwahr, als Davis den Süden nicht zu einer Nation gemacht, sondern bereits als eine geschaffene Nation vorgefunden hatte. Die Spaltung zwischen den freien und den Sklavenstaaten war unvermeidlich, und der Krieg war von Anfang an ein Krieg zwischen Nationen. Dass Gladstone die Anleihe der Konföderation unterzeichnete, war falsch, und es gibt auch nicht den geringsten Grund zu der Annahme, dass er der Politik der strikten Neutralität weniger treu war als seine Kollegen, wie bereit er auch gewesen sein mag, wie die anderen, gute Dienste in einem Kampf zu leisten, der, da er Millionen britischer Handwerker der Materialien für ihre Industrie beraubte, ein offensichtliches und dringendes Interesse Großbritanniens hatte. Es wäre vielleicht voreilig zu behaupten, der Sohn eines Sklavenhalters habe die Sklaverei ebenso zutiefst verabscheut wie Wilberforce oder ein Mitglied der High Church hätte in seinem Eifer für die Emanzipation den Evangelikalen, deren besonderes Erbe diese war, in nichts nachgestanden. Aber Gladstones treibende Motive waren sicherlich seine Achtung vor dem Brot des britischen Handwerkers und seine Sympathie für alle, die für ihre Freiheit kämpften. Wahrscheinlich im Hinblick auf die Befriedigung der beschämten Freunde des Nordens in England schrieb er mir, dass der Norden, wenn er den Süden ziehen lassen wollte, mit der Zeit durch die Vereinigung Kanadas mit den Nordstaaten entschädigt werden könnte . Da der Brief nach reiflicher Überlegung wahrscheinlich nicht die gewünschte Wirkung haben würde und nicht unwahrscheinlich, dass er dem Schreiber in Zukunft in Verlegenheit geraten würde, wurde er nicht verwendet und vernichtet.

Wäre der Sohn eines jamaikanischen Landbesitzers ein glühender Emanzipationist und ein inniger Freund der Schwarzen gewesen , hätte Gladstone seine Gefühle anlässlich des Massakers von Jamaica, jenes grausamsten Ausbruchs von Hass, Wut und Panik der Weißen über die schwarzen Bauern Jamaikas, kaum versäumen können. Er hatte jedoch die allgemeine Stimmung der Oberschicht und des Klerus auf seiner Seite.

Peel war als Premierminister Herr der Regierung und letztlich auch Leiter aller Ministerien. Er hatte sich angehören müssen, was alle Mitglieder seines Kabinetts zu sagen hatten, und sich dann eine Meinung gebildet. Zu seiner Zeit gab es im Kabinett weder Abstimmungen noch eine Offenlegung der Kabinettssitzungen. Die Offenlegung der Kabinettssitzungen steht tatsächlich im Widerspruch zum Eid des Geheimen Rates. Gladstone , so scheint es, stellte Fragen zur Abstimmung. Er erlaubte auch einem Mitglied des Kabinetts, sich auf ein eigenes politisches Abenteuer einzulassen und eine Politik zu verkünden, die unabhängig von der seines Chefs und seiner Kollegen war, wie es derselbe Politiker jetzt wieder tut. Das Kabinettssystem selbst begann unter Gladstones Amtszeit offenbar zu bröckeln. Es begann der Wandel, der das Kabinett heute zu einem schwerfälligen Gremium gemacht hat, das in großen Abständen und fast öffentlich tagt, während die wirkliche Macht und die politische Leitung in einem inneren Konklave konzentriert sind , so etwas wie das, was während der Herrschaft Karls II. die Kabale genannt wurde.

Nicht nur das Kabinettssystem , sondern auch das Parteiensystem, auf dem das Kabinettssystem basierte, hatte begonnen, Anzeichen des Zerfalls zu zeigen. Der Sektierertum hatte eingesetzt, wie es ziemlich sicher geschah, wenn politische Spekulationen freier wurden und es keine entscheidende Frage wie die Parlamentsreform von 1832 gab, die eine Partei zusammenhielt. Auch der persönliche Ehrgeiz wurde unruhig und schwer zu kontrollieren. Mehr als einmal wurde Gladstones Regierung durch den Austritt ihrer eigenen Anhänger besiegt . Die Aufgabe eines Premierministers war nicht leicht. Dies muss berücksichtigt werden, wenn wir Gladstones Erfolg als Regierungschef mit dem seiner Vorgänger vergleichen und mit dem seines eigenen Erfolgs als Schatzkanzler, der der Regierung durch seine Triumphe in der Finanzwelt Leben und Kraft verlieh.

Ich kann nicht beurteilen, ob die Vorwürfe des Mangels an Menschenkenntnis und persönlichem Takt, die Gladstone als Premierminister oft vorgebracht wurden, wahr sind. An sozialer Umgänglichkeit oder Charme mangelte es ihm sicherlich nicht. Er pflegte vielleicht nicht die heitere Vertraulichkeit Palmerstons und hatte auch nicht das Gegenstück zu Lady Palmerstons Salon. Aber das Fehlen dieser Dinge oder das Fehlen dessen, was man persönlichen Magnetismus nennt, wird einen großen Führer wie Pitt oder Peel kaum der Ergebenheit seiner Anhänger berauben, geschweige denn des Vertrauens und der Zuneigung des Volkes.

Einmal jedoch muss man zugeben, dass Gladstone sich als Premierminister jedenfalls eines taktischen Fehlers schuldig gemacht hatte , der das Vertrauen seiner Partei zwangsläufig erschütterte. Ich war gerade wieder in England und befand mich in Manchester, als wie ein Blitz aus heiterem Himmel, ohne Ankündigung oder Warnung jeglicher Art, die Auflösung des Parlaments von 1874 über uns hereinbrach. Alle Liberalen erkannten sofort, dass dies ihr Ruin war. Es scheint, dass der Führer selbst eine Niederlage in Erwägung zog und fast damit rechnete. Was also bewegte ihn zu dieser verzweifelten Tat? Sein Kanzler und ergebener Freund, Lord Selborne (Roundell Palmer), zweifelte nicht daran, dass er sich in ein rechtliches Dilemma gebracht hatte, indem er zusätzlich zum Amt des Ersten Lords des Schatzamtes auch das Amt des Schatzkanzlers annahm, ohne seine Wähler zur Wiederwahl zu bewegen, was, wie man befürchten musste, einen Verstoß gegen das Gesetz darstellte. Der einzige Ausweg aus diesem Dilemma war laut dem Kanzler die Auflösung. Herr Morley, dessen Autorität ich mich gerne beuge, weist diese Erklärung energisch zurück und verweist auf einen anderen Grund, den Herr Gladstone angeführt hat. Herr Gladstone war sich natürlich sicher, einen anderen Grund anzuführen, und ebenso sicher, sich selbst davon zu überzeugen, dass es der wahre war. Aber was war dieser andere Grund? Er bestand darin, dass die Regierung krank war und dass die Wahlen sie von ihrem Elend erlösen und damit die Lage klarstellen würden. Aber übersah Herr Gladstone die Tatsache, dass er eine Reihe seiner Anhänger ihrer Sitze berauben würde? Warum kam der Schlag so plötzlich? Andererseits weist Herr Morley den Vorwurf, die Wahlkreise durch das Versprechen, die Einkommensteuer abzuschaffen, zu Recht als unbegründet zurück. Solche Erwartungen werden von allen Konkurrenten um die Macht gehegt . Was ist das Spiel einer Partei anderes als das, die andere Seite zu überbieten?

Nach dieser Niederlage zog sich Achilles verärgert in sein Zelt zurück. Gladstone bestand darauf, die Führung niederzulegen. Aber jeder sah voraus, dass seine Rückkehr unvermeidlich war; und es war schwierig, einen Mann zu finden, der genügend Ansehen hatte, um seinen Platz einzunehmen, der aber nicht zu bedeutend war, um ihn aufzugeben, wenn der große Mann es für angebracht hielt, zurückzukehren. Lord Hartington wurde gewählt , da seine relative Jugend ihm die Kapitulation leicht machen würde, während sein hoher Rang seine Position weiterhin stützen würde.

Wann immer es für die Partei zu kämpfen galt, sei es in der Parlamentsdebatte oder im Wahlkampf, war Gladstone der Mann. Sein Wahlkampf in Midlothian zeigte seine fast wundersamen Fähigkeiten als Redner und weckte die Begeisterung des Volkes für den Mann, in dem sie – und das zu Recht – ihren besten Freund und mächtigsten Fürsprecher ihrer Interessen sahen. Drei Reden an einem Tag und eine Ansprache, die dieses Naturwunder halten konnte, und die Reden waren kein Geschwätz und Geschwätz , sondern an die Intelligenz des Volkes gerichtet. Dennoch kann man nicht umhin, ein wenig zu bedauern, dass der Wahlkampf durch

Gladstones Vorgehen so sehr gewürdigt wurde. Es ist ein großes Übel. Ganz zu schweigen von seiner Wirkung auf die Leidenschaften des Publikums, es erschöpft den Staatsmann ; es raubt ihm in den Pausen des Parlaments die Muße zum Studium und Nachdenken; und das Schlimmste von allem ist, dass es ihn dazu verleitet, sich unvorsichtigerweise zu engagieren.

Im Falle einer bewaffneten Intervention in Ägypten schien Gladstone von seiner üblichen Treue zu einer Politik der Mäßigung und des Friedens abzuweichen. Er verlor Bright, dem er mit seinem Voranschreiten im Liberalismus immer näher gekommen war und der dazu überredet worden war , ein Amt in seiner Regierung zu übernehmen. Bright wollte nichts mit Machtvergrößerung oder Krieg zu tun haben, und privat sprach er mit starken Worten, obwohl er in der Öffentlichkeit seinen Freunden gegenüber ritterliche Nachsicht an den Tag legte. Angesichts der Tatsache, dass Ägypten auf dem Weg nach Indien lag und den Suezkanal beherrschte, scheint es nicht so, dass der berühmte Quäker viel Grund gehabt hätte, an Gladstone und seiner Regierung etwas auszusetzen, soweit es um den Hauptzweck ihrer Politik ging. Der fatale Fehler, wie sich herausstellte, war die Anstellung von Gordon, einem heroischen Enthusiasten, dessen Handeln niemand gut vorhersehen konnte, der sein eigenes vielleicht kaum vorhersehen konnte und der nicht der beste Agent war, um eine Politik des Rückzugs durchzuführen. Dass Gladstone nach Erhalt der Nachricht von Gordons Tod in die Oper ging, wie seine bösartigen Feinde behaupteten, wurde bestritten . Doch selbst wenn er es getan hätte, wäre es ihm wirklich an Gefühlen mangeln gewesen, wenn er weiterhin die gewohnte Erleichterung von der Last der Mühen und Sorgen gesucht hätte, die er trug?

Im Fall der Republik Transvaal hatte Gladstone angesichts der durch Majuba Hill verursachten Aufregung den moralischen Mut, zuzugeben, dass er vor „Blutschuld" zurückschreckte und die Nation auf dem Pfad der Ehre und Gerechtigkeit hielt. Sein Biograph war bei der Behandlung dieses Falles und seiner Folgen offensichtlich durch seinen Wunsch zurückgehalten, die Streitpunkte nicht zu vervielfachen. Andernfalls hätte er seinen Beweis, dass der Anspruch auf Oberhoheit ein Betrug war, erheblich untermauern können. Wäre Gladstone am Leben geblieben, wäre der Bruch des Treueschwurs der Nation nicht so behandelt worden.

Der letzte Akt dieses wunderbaren Lebens und seine Schlussszene sind eng mit der Geschichte Irlands verknüpft und kaum heiterer als der Rest dieser traurigen Geschichte. Die Geschichte des Falles, mit dem sich die Staatskunst zu diesem Zeitpunkt auseinandersetzen musste, wurde, wenn sie auch klar verstanden wurde, meines Wissens weder von Herrn Gladstone noch von irgendjemandem, der an der Diskussion teilnahm, klar dargelegt. Cromwell hatte Irland mit der Union den unverzichtbaren Segen des Freihandels mit Großbritannien beschert. Nachfolgende Regierungen, die weniger weise und großmütig waren, hatten zugelassen, dass der britische Protektionismus die großen irischen Industrien, den Vieh- und den Wollhandel, zerstörte. Die Menschen waren somit für ihren Lebensunterhalt ausschließlich auf die Bewirtschaftung des Bodens angewiesen, auf einer Insel, deren größter Teil zu nass für rentablen Ackerbau ist und sich nur zum Weiden eignet. Dann kam das Strafgesetzbuch, und zur wirtschaftlichen Not kam völlige soziale Erniedrigung hinzu. Die Menschen gerieten in einen Zustand, der an absolute Barbarei grenzte, in dem sie nichts anderes erwarten konnten als das Nötigste an Nahrung, und selbst das Nötigste, insbesondere die tückische Kartoffel als Grundnahrungsmittel, ging zeitweise aus. Unter solchen Umständen gingen alle sozialen und vernünftigen Beschränkungen für das Bevölkerungswachstum verloren, und die Menschen vermehrten sich mit animalischer Rücksichtslosigkeit weit über die Möglichkeiten der Insel hinaus, sie zu ernähren. In einem verzweifelten Kampf um den Boden, von dem ihr Lebensunterhalt allein abhing, wurden sie im schlimmsten Sinne zu Pächtern nach Belieben, zu Leibeigenen des Grundbesitzers , der sie durch seinen Mittelsmann und manchmal durch eine Reihe von Mittelsmännern, die eine Erpressungshierarchie bildeten, unter Druck setzte, während der Zehntverwalter das, was dem Mittelsmann übrig blieb, einbehielt. Alle Verbesserungen des Pächters wurden vom Bodenbesitzer konfisziert . Das einzige Heilmittel gegen die Überbevölkerung war, abgesehen von den schrecklichen Auswirkungen von Hunger und Krankheit, die Auswanderung. Das Heilmittel für das landwirtschaftliche Übel und die Missstände bestand, soweit es durch Gesetzgebung erreicht werden konnte, offenbar in einer Maßnahme, die dem irischen Pächter nach Belieben die gleiche Sicherheit für seinen Besitz gewährte, die dem englischen Pachtbesitzer durch Gewohnheitsrecht und die Gunst der Gerichte zugestanden worden war. Den irischen Grundbesitzer aufzukaufen war dem britischen Volk gegenüber kaum gerecht und war an sich eine Maßnahme von gefährlicher Tragweite. Die Abschaffung des irischen Landadels mit allen Mitteln, wenn sie vermieden werden konnte , war ein sozialer Fehler. Die Bauernschaft würde dadurch ihrer sozialen Führer beraubt, deren Einfluss sie besonders benötigte, und es bestünde die Gefahr, die Insel dem Demagogen oder dem Priester zu übergeben.

Der politische Teil des Problems, der die Beziehungen zwischen den beiden Inseln betraf, hatte, als Herr Gladstone sich mit der Frage befasste, die Gestalt eines Kampfes um die Selbstverwaltung angenommen. Dies war eine scheinbar reduzierte und abgeschwächte Version des Kampfes um die Aufhebung der Union, der von O'Connell in Gang gesetzt worden war und von ihm in gewalttätigere Hände übergegangen war und 1848 unter Smith O'Brien nach einem schwachen Ausbruch ein unglückliches Ende gefunden hatte. Abgesehen vom Bauernaufstand hatte die politische Bewegung nie viel Kraft gezeigt. Das Herz des irischen Volkes war nicht auf politische

Veränderungen gerichtet, sondern auf den sicheren Besitz seiner Besitztümer und ihre Befreiung aus dem Griff der Hungersnot. Aber der neue Führer, Charles Stewart Parnell, auf seine Weise ein echter Staatsmann, verband die beiden Ziele, und die Bewegung, die das Volk mit sich riss, wurde sowohl in ihrer politischen als auch in ihrer landwirtschaftlichen Form furchterregend.

Wie wir wissen, hatte es eine gewaltige irische Auswanderung in die Vereinigten Staaten gegeben. Dies hatte zwar den Bevölkerungsdruck etwas gemildert, die Lage aber in anderer Hinsicht erheblich erschwert. Es hatte den amerikanischen Fenianismus mit seinem Clan- na -Gael hervorgebracht, eine rein politische, blutrünstige Agitation, die durch den Einfluss der irischen Wählerstimmen auf die amerikanischen Politiker furchterregend war und deren Hauptquartier und Zentrum außerhalb der Reichweite britischer Repression lag.

Gladstone war erst seit drei Wochen in Irland und hatte sich damals, so sagt Mr. Morley, nicht über einen ausgesprochen englischen Kreis hinaus bewegt. Jedenfalls gibt es keine Spur davon, dass er vor Ort den Charakter der Menschen studiert hätte, mit denen er zu tun hatte, die Einflüsse, die am Werk waren, die verschiedenen politischen, kirchlichen, sozialen und wirtschaftlichen Kräfte, denen er die Insel ausliefern würde. Hätte er dies getan, hätte er vielleicht gewusst, warum irische Liberale wie Lord O'Hagan und Sir Alexander Macdonald, obwohl sie durch und durch irische Patrioten waren und weil sie durch und durch irische Patrioten waren, vor der Auflösung der gesetzgebenden Union entsetzt zurückschreckten. Er hätte die wahrscheinliche Sinnlosigkeit jeder Klausel eines Home Rule Acts erkennen können, die die Bevorzugung einer bestimmten Religion verbot, und die Leichtigkeit, mit der diese Klausel von der römisch-katholischen Hierarchie und Priesterschaft, die ihren Einfluss auf das Volk und die Volkswahlen ausubten, praktisch hatte aufgehoben werden können. Möglicherweise war ihm auch die Gefahr klarer, die von der Beziehung des protestantischen und sächsischen Ulster zum keltischen und katholischen Teil Irlands ausging, als diese sich auf getrennter Ebene gegenüberstanden und ihr Konflikt außer Kontrolle geriet.

Herr Gladstone versuchte, das Problem der Landwirtschaft durch Landgesetzgebung zu lösen, indem er für die Bevölkerung das Eigentum an ihren Grundstücken kaufte oder ihnen die Möglichkeit zum Kauf gab. Wie bereits erwähnt, war die Operation gefährlich, da sie außergewöhnliche Vertragsabschlüsse und eine ungewöhnliche Verwendung öffentlicher Gelder erforderte. Im Laufe der Zeit wurde Herr Gladstone nicht nur wütenden Vorwürfen gewalttätiger Gesetzgebung, sondern auch des Betrugs ausgesetzt, die durch eine gewisse Verschiebung seines Grundstücks noch verstärkt wurden. Ein einfaches Gesetz der oben genannten Art hätte das Problem, wenn es durchführbar gewesen wäre, möglicherweise mit weniger

Erschütterungen der Vertragstreue und weniger Störungen jeglicher Art lösen können.

Der politische Teil der Parnell-Bewegung hatte Herr Gladstone eine Zeit lang energisch und vehement bekämpft. Er verurteilte Parnells Politik, die durch Raub zur Zerstückelung führe. Er setzte bei den irischen Gewalttaten energisch Zwang ein, ließ eine Reihe von Parnelliten als Verdächtige inhaftieren und verkündete die Verhaftung Parnells vor einer applaudierenden Menge im Guild Hall selbst. Er ließ seinen Kollegen Abend für Abend an seiner Seite aufstehen und die Home-Rule-Bewegung in noch schärferen Worten als seinen eigenen verurteilen. Doch nachdem er bei der Wahl von 1885 von den vereinigten Kräften der Konservativen und Parnelliten besiegt worden war, machte er plötzlich, zum Erstaunen aller und zur allgemeinen Bestürzung seiner Partei, eine Kehrtwende, sprach sich für die Home Rule aus und verbündete sich mit Parnell, mit dessen Hilfe er die konservative Regierung von Lord Salisbury stürzte und sich selbst wieder an die Macht brachte. Man muss ihm nicht vorwerfen, er sei von Machtgier getrieben gewesen , oder sagen, sein Bekehrungsversuch sei nicht aufrichtig gewesen. Er muss sich vor Augen halten, dass die konservativen Führer in der sogenannten Maamtrasma -Debatte zweifellos mit dem Parnellismus kokettiert hatten, wobei einer von ihnen, Sir Michael Hicks Beach, um die Gunst der Parnellisten buhlte , indem er Lord Spencer tadelte; und dass durch dieses Verhalten ihrerseits der Aspekt der Frage eine gewisse Veränderung erfahren hatte. Andererseits darf man nicht vergessen, dass Gladstone die Position des Oppositionsführers innehatte, der seine Partei wieder an die Macht bringen wollte, was nur mit Hilfe der irischen Wähler möglich war . Auch den Bericht über seine allmähliche Bekehrung zur Home Rule, den er in seiner „*History of an Idea*" niederlegt, können wir nicht leicht akzeptieren . Wenn er spürte, dass sich seine Gedanken zu diesem Thema bewegten, wie konnte er es dann für richtig halten, nicht nur seine eigenen Bedenken durch vehemente Verurteilungen der Home Rule zu überdecken, sondern auch seine Partei und die Nation auf eine Linie zu führen, die sich seiner Ansicht nach als die falsche erweisen könnte? Seine Aufrichtigkeit, ich wiederhole, braucht nicht in Frage gestellt zu werden . Aber weder seine Konsequenz noch die vollkommene Einzigartigkeit seiner Motive lassen sich so leicht aufrechterhalten. Er war ein Parteiführer, ein überzeugter Anhänger des Parteiensystems, und seine Partei wollte sich gegen ihren Rivalen durchsetzen. Nur durch den Kampf um die Macht kann eine Parteiregierung aufrechterhalten werden .

Gladstone schlug tatsächlich vor, die gesetzgebende Union aufzulösen, indem er Irland ein eigenes Parlament gab. Dieses Parlament nannte er „gesetzlich". Es sollten Beschränkungen auferlegt werden, die seine Beziehung zum britischen Parlament zu einer Vasallenbeziehung gemacht hätten und gegen die es mit ziemlicher Sicherheit vom Moment seiner Gründung an einen Kampf um Gleichheit und Unabhängigkeit begonnen hätte. Wäre es in diesem Kampf gescheitert, hätte es vielleicht sogar den ausländischen Feinden Großbritanniens die Hand zur Hilfe gereicht. Der Verfasser der Maßnahme hatte sich anscheinend noch nicht klar entschieden, ob er die Iren in das britische Parlament aufnehmen oder davon ausschließen wollte. Dass er sich in eine so bedeutsame Gesetzgebung stürzte, die die Existenz des Vereinigten Königreichs selbst betraf, ohne sich im entscheidenden Punkt völlig im Klaren zu sein, ist sicherlich ein Beweis dafür, dass er, so groß er auch in der Finanzwelt war, so mächtig er in der Debatte war, so mächtig er auch bei der Ausarbeitung und Umsetzung von Reformmaßnahmen war, wenn ihm, wie im Fall der Trennung von Staat und Universitäten in Irland, ein klarer Fall anvertraut wurde, kaum zu jenen trittsicheren Staatsmännern gehörte, denen man die obersten Geschicke einer Nation bedenkenlos anvertrauen kann.

Wenn nach der gerechten Regelung der Agrarfrage und der Reduzierung der Bevölkerung auf die Zahl, die die Insel ertragen kann, die durch den langen Kampf entstandene politische Feindschaft nicht beschwichtigt wird und die irischen Truppen, wie sie es nun schon seit vielen Jahren sind, ein fremdes und rebellisches Element im britischen Parlament bleiben, das die britischen Räte stört und ablenkt, dann mag es einen ausreichenden Grund geben, Irland gehen zu lassen. Es wäre töricht, es als bloßen Dorn im Auge Großbritanniens zu behalten. Es wäre mehr als töricht, zu versuchen, es in Knechtschaft zu halten. Es ist nicht unwahrscheinlich , dass es nach einem Unabhängigkeitsversuch aus eigenem Antrieb in die Union zurückkehren könnte. Aber alle weisen Staatsmänner waren sich darin einig, dass es entweder eine gesetzgebende Union oder Unabhängigkeit geben muss. Zwei Parlamente, zwei Nationen. [1]

Auf die Bekanntgabe von Gladstones Plan folgte eine tiefgreifende Gewissensprüfung in seiner Partei, die in einer Spaltung endete. Lord Hartington übernahm die Führung der Unionisten-Liberalen und zeigte in seiner neuen Partei Energie und beeindruckende Fähigkeiten. Der tödliche Schlag war die erklärte Opposition von Bright, der großen Säule der politischen Rechtschaffenheit und lebenslangem Verfechter der Gerechtigkeit in Irland.

Den stärksten Widerstand leistete - und das war es, was am meisten zur Rettung der Integrität des Vereinigten Königreichs beitrug - , wie ich immer behaupten werde, *die Times* . Der Fehler, den sie in Bezug auf die Parnell-Briefe beging, war eine Kleinigkeit im Vergleich zu dem bemerkenswerten Dienst, den sie der Sache der Unionisten insgesamt leistete.

Als der Kampf begann, sprengte Gladstones Kampfeslust alle Grenzen. Er appellierte an die separatistische Stimmung in Schottland und Wales sowie in Irland. Er appellierte an die „Massen" gegen die „Klassen". Er appellierte an die Unwissenheit gegen die Intelligenz und die Berufe. Einer seiner bedeutendsten lebenslangen Freunde und Bewunderer, der ein hohes Amt in seiner Regierung innegehabt hatte, sagte in einem Brief an mich über ihn: „Gladstone ist moralisch verrückt." Er hatte die persönlichen Einflüsse verloren, die seine Impulse kontrolliert hatten . Graham, Newcastle, Sidney Herbert, Cardwell, sie alle waren weg. Vor allem Cardwell, ein Mann von außerordentlicher Trittsicherheit und Besonnenheit, hatte, wie ich vermute, zu Lebzeiten eine wichtige und heilsame, wenn auch ungefühlte Zurückhaltung geübt.

Von seiner Aufregung mitgerissen, verunglimpfte Gladstone die Urheber der Union und ihre Arbeit, eine Arbeit , die er einst mit dem Handelsvertrag mit Frankreich als äußerst ehrenhaft für Pitt verbunden hatte. „Eine schreckliche und beschämende Geschichte, denn keine schwächeren Beinamen als diese können auch nur im Geringsten die Mittel beschreiben oder andeuten, mit denen unter Missachtung des Nationalgefühls Irlands die Zustimmung zur Union erreicht wurde." Dies ist seine Sprache, und er vergleicht die abscheuliche Transaktion mit den schlimmsten Verbrechen der Geschichte. Die Zustimmung zur Union wurde durch die absolute Notwendigkeit erreicht , die für vernünftige Menschen offensichtlich war, der mörderischen Anarchie ein Ende zu setzen und eine Erneuerung des Gesetzes von 1998 zu verhindern. Es wurde eindeutig nachgewiesen , dass es keine ernsthafte Bestechung finanzieller Art gab. Die Entschädigungen für die Eigentümer der Pocket Boroughs wurden gemäß den Vorstellungen der Zeit und gemäß einem Parlamentsgesetz gleichermaßen an diejenigen gezahlt, die für die Union gestimmt hatten, und an diejenigen, die dagegen gestimmt hatten. Die Oligarchie, deren lokale Herrschaft diese Maßnahme beendete, wurde mit Adelstiteln und Ernennungen besänftigt, ein Gerangel darum hätte einem hochgesinnten Mann wie Cornwallis wohl Ekel bereitet. Dies war in jenen Tagen vermutlich unvermeidlich. Es war unmöglich, die nationale Zustimmung zufriedenstellend zu erhalten. Das Parlament war eine protestantische Oligarchie, die Katholiken waren noch immer ausgeschlossen , und es war zutiefst befleckt von den Grausamkeiten der Unterdrückung. Irland war in Wirklichkeit keine Nation und nicht in der Lage, eine nationale Zustimmung zu geben; es war ein Land, das zwischen zwei Rassen geteilt war, die sich in religiöser Hinsicht antagonistisch und in tödlicher Feindschaft befanden. Die Frage den Wahlkreisen durch die Abhaltung allgemeiner Wahlen vorzulegen, bei denen fünf Sechstel der Bevölkerung vom Parlament ausgeschlossen waren, wäre sinnlos gewesen und hätte sehr wahrscheinlich den Bürgerkrieg neu entfacht. Pitt, das ist wahr, machte den Katholiken Hoffnung auf politische Emanzipation. Er tat sein Bestes, diese Hoffnung zu erfüllen, wurde aber durch die alberne Sturheit des Königs daran gehindert ; und Herr Gladstone, der ein überzeugter Monarchist war, hätte sich fragen können, was Pitt hätte tun können, wenn er mit dem königlichen Veto konfrontiert worden wäre. Das Versprechen blieb eine Generation lang uneingelöst, bis es schließlich erfüllt wurde . Diese bitteren Appelle an den Hass der Iren auf die Union und an ihre Überzeugung, dass sie ein tödliches und unentschuldbares Unrecht sei, kamen nicht gut von dem Autor einer Maßnahme, die, wie er behauptete, den Dorn aus dem irischen Herzen ziehen sollte.

Der Gesetzentwurf wurde im Unterhaus mit einer Mehrheit von dreißig Stimmen abgelehnt; und als die Liberal-Unionisten sich in der Sonderfrage mit den Konservativen zusammenschlossen, gewann die Opposition mit über hundert Stimmen. Sechs Jahre später, nach einer weiteren Wende, verlor die Regierung Salisbury an Stärke und Gladstone stand wieder an der Spitze der Regierung, allerdings mit einer schwachen Mehrheit, die größtenteils aus irischen Stimmen bestand. Dann kam die Katastrophe von Parnell, der im entscheidenden Moment wegen Verbrechens verurteilt wurde . Es ist unmöglich, Mr. Morleys Bericht über die darauf folgende Szene der Verwirrung zu lesen , über den Kampf zwischen ehelicher Moral und politischer Zweckmäßigkeit und über die traurige Entscheidung, dass *Verbrechensbekämpfung nicht mehr möglich war.* wäre eine unangenehme Sache, die man dem nonkonformistischen Gewissen gegenüberstellen müsste, ohne das Vorhandensein eines komischen Elements in der Erzählung zu spüren.

Über die Home Rule wurde jedoch erneut abgestimmt, und zwar in ihrer seltsamsten Form: Irland erhielt ein eigenes Parlament und gleichzeitig eine Vertretung im britischen Parlament mit voller Stimmfreiheit in allen britischen Fragen. Dass die irische Delegation ihre Stimme an britische Parteien gegen irische Ziele und insbesondere gegen die Lockerung der Beschränkungen ihrer Vollmacht eintauschen würde, konnte niemand übersehen. Ein außergewöhnlicherer Vorschlag wurde sicherlich noch nie einer gesetzgebenden Körperschaft unterbreitet . Die einzige Empfehlung, die die Home Rule enthielt, war, dass sie das britische Parlament von einem fremden und feindlichen Element befreien würde. Dieses Element hätte Gladstones Gesetzentwurf in seiner schlimmsten Form beibehalten. Der Gesetzentwurf wurde jedoch im Unterhaus mit einer Mehrheit von 34 Stimmen angenommen, wobei einige der englischen Mitglieder wahrscheinlich eine Parteistimme abgaben, in der Zusicherung, dass der Gesetzentwurf vom Oberhaus abgelehnt würde.

Der Einsatz der Cloture , um eine Maßnahme wie Home Rule im Unterhaus durchzusetzen, ließ sich sicher nicht rechtfertigen . Die Cloture , mit der unsere anmaßende Regierung das Unterhaus selbst in der wichtigsten Frage zum Schweigen bringen kann, bleibt ein Zeichen für Gladstones Impulsivität und seine Unfähigkeit, Opposition zu dulden, wenn es um ein für ihn höchst wichtiges Ziel ging.

Nachdem Gladstone versucht hatte, einen Sturm gegen die Lords zu entfachen, trat er, wie berichtet wurde, aufgrund einer Meinungsverschiedenheit mit der Admiralität über die Marineausgaben zurück. Eine der denkwürdigsten Karrieren der englischen Geschichte ging zu Ende . Die Partei, die Gladstone anführte, war völlig zerrüttet, und zerrüttet ist sie noch immer. Hätte Palmerston die Szene sehen können, hätte er sagen können, dass seine zynische Prophezeiung tatsächlich in Erfüllung gegangen sei.

Gladstone war neben seinem immensen öffentlichen Werk auch ein umfangreicher Autor; umso umfangreicher, weil sein Stil, der durch öffentliche und *spontane Reden geprägt war*, zwar vollkommen klar und korrekt, aber sicherlich weitschweifig war. Sein Biograph zeigt gutes Urteilsvermögen, indem er sich bei diesem Teil des Themas nicht länger aufhält, als er kann. Leser von *Homeric Studies* und *Juventus Mundi* müssen sich fragen, wie ein so großer Mann solche Dinge schreiben und der Presse zur Verfügung stellen konnte. Selten sind seltsamere Dinge aus einer Feder gekommen als die Seiten des traditionellen Elements in der homerischen Theomythologie, die Latona mit der Jungfrau, Apollo mit dem Befreier der Menschheit und Ate mit dem Versucher in Verbindung bringen. All diese Bände sind voller fantastischer und grundloser Spekulationen. Die Vorstellung, dass es in der frühen Geschichte Griechenlands eine ägyptische Epoche gab, scheint teilweise durch eine zufällige Ähnlichkeit zwischen dem Namen einer ägyptischen und dem einer böotischen Stadt angeregt zu werden . Die berühmten Budgets basierten nicht auf solchen Überlegungen .

Ich war eines Tages mit Gladstone zusammen, als wir unsere Geschäfte erledigt hatten und er anfing, über Homer zu sprechen, und mir eine Theorie mitteilte, die er gerade aus einer eingebildeten philologischen Entdeckung gesponnen hatte. Ich war überzeugt, dass die Theorie unbegründet war, und versuchte ihn davon zu überzeugen. Aber er war nie sehr offen für Diskussionen. Gerade als ich nachgegeben hatte, öffnete sich die Tür und sein Schwager, Lord Lyttelton , kam herein. Lord Lyttelton war ein erstklassiger klassischer Gelehrter, und ich war überzeugt, dass er die Frage richtig sehen und sich durchsetzen würde. Er sah die Frage richtig, er setzte sich aber nicht durch, und die Entdeckung hat wahrscheinlich ihren Platz neben der des traditionellen Elements eingenommen.

Vor der Veröffentlichung von *Juventus Mundi* , ich glaube, es war , gab es ein Homerisches Abendessen, bei dem ich zusammen mit Cornewall Lewis, Milman und einigen anderen Gelehrten die Ehre hatte , dabei zu sein. Es war ein sehr erfreuliches Wiedersehen. Niemand könnte in gesellschaftlicher

Hinsicht charmanter sein als unser Gastgeber. Aber ich bezweifle, dass die Kritiken so gut darauf reagierten.

Gladstone hatte seinen Establishmentarismus teilweise abgelegt, aber seine Orthodoxie und sein Glaube an die Inspiration der Bibel blieben unbeeinträchtigt. Dies beraubt seine theologischen Schriften ihres ernsthaften Wertes, obwohl sie immer noch interessant sind als das Werk eines zugleich kraftvollen und zutiefst religiösen Geistes, der sich mit Themen von höchster Wichtigkeit befasst. Es ist nicht schwer, Humes philosophischen Einwand gegen Wunder zu widerlegen, der kaum mehr als eine Annahme der absoluten Unmöglichkeit einer ausreichenden Menge an Beweisen zu sein scheint. Wenn der Tod eines Menschen und seine Wiederbelebung von einer großen Gruppe von Wissenschaftlern unter Umständen bezeugt und bestätigt worden wären, die die Möglichkeit einer Täuschung ausschließen, würden wir unseren Glauben nicht verweigern, wie sehr das Ereignis auch dem normalen Lauf der Natur zuwiderlaufen mag. Aber wir können nichts glauben, das dem normalen Lauf der Natur zuwiderläuft, nur weil ein anonymes Evangelium von ungewissem Autor und ungewissem Datum das Produkt eines unkritischen Zeitalters ist, scheinbar mythischen Stoff enthält und im Interesse einer bestimmten Religion geschrieben wurde. Gladstone ist durch seinen Glauben an die Bibel daran gehindert, die Authentizität und Zulänglichkeit der Beweise zu prüfen. In seiner kritischen Arbeit über Butler ist er durch die Annahme der Authentizität der Offenbarung, die er ständig mit sich herumträgt, von einer freien und fruchtbaren Diskussion ausgeschlossen . Sein Glaube an die Inspiration der Bibel scheint so weit zu gehen, dass er den Glauben an die Langlebigkeit der Patriarchen vor der Sintflut einschließt. [2]

Als er es wagte, Huxley in der Frage der Wahrheit des Schöpfungsberichts in der Genesis zu streiten, musste er zwangsläufig gestürzt werden. Seine Entschuldigung scheint darauf hinauszulaufen, dass der Schöpfer, als er Moses einen Bericht über die Schöpfung gab , der Wahrheit so nahe kam, dass der Bericht durch eine sehr raffinierte Interpretation nicht völlig unvereinbar mit wissenschaftlichen Tatsachen gemacht werden konnte. Gladstone verehrte Newman weiterhin sehr und ließ sich in seiner Argumentation anscheinend von der *Grammar of Assent* beeinflussen , einer Art *Vademecum* der Selbsttäuschung, dem charakteristischen Sinn des sehr subtilen, aber nicht sehr männlichen und sehr flexiblen Geistes des Kardinals.

Für mich ist Gladstones Leben besonders interessant als das eines Mannes, der ein furchtloser und kraftvoller Verfechter von Menschlichkeit und Gerechtigkeit in einem Zeitalter war, in dem der Glaube an beides schwächer wurde und der Chauvinismus mit seiner Lust an Krieg und Raub die Welt eroberte. Der Mann, der die Fesseln diplomatischer Prüderie durchbrach und vor Europa mit überwältigender Beredsamkeit die Sache des unterdrückten Italiens vertrat; der es nach dem Majuba Hill trotz öffentlicher Aufregung wagte, im Umgang mit Transvaal den Pfad der Gerechtigkeit und Ehre zu wahren ; dessen Anprangerung der bulgarischen Grausamkeiten den türkischen Assassinen auf seinem Thron der Sünde erzittern ließ; der, hätte er so lange gelebt, sicherlich versucht hätte, die Ehre des Landes zu retten, indem er die Verschwörung gegen die Freiheit der südafrikanischen Republiken anprangerte; der, wenn er noch lebte, nicht vergeblich gegen die Gleichgültigkeit Englands gegenüber seiner Verantwortung für die türkischen Gräueltaten protestieren würde; hat einen stärkeren Einfluss auf meine Verehrung und Dankbarkeit als der Staatsmann, dessen Leistungen und Verdienste, so groß sie auch waren, mir nie ganz so groß erschienen, wie sie in Mr. Morleys bewundernswert ausgeführtem Bild erscheinen. Nicht, dass ich Gladstones Staatskunst oder ihre Früchte unterschätzen würde. Wunderbare Verbesserungen im Finanzwesen, große Verwaltungsreformen, die Eröffnung des öffentlichen Dienstes, der Postsparkasse, die Befreiung der Zeitungspresse von der Papiersteuer, die Abschaffung des Heereskaufs, die Reform der Universitäten, gefolgt von der der Stiftungsschulen, die Trennung der irischen Kirche vom Staat und der Handelsvertrag mit Frankreich bilden eine gewaltige Ernte guter Arbeit; selbst wenn wir die Neuregelung des Wahlrechts außer Acht lassen und die Home Rule auf die falsche Seite der Rechnung stellen. Sehr auffallend ist in dieser Hinsicht der Kontrast zwischen Gladstones Karriere und der seines Hauptrivalen, der sich kaum mit praktischen Verbesserungen und fast ausschließlich mit dem Spiel der Partei und dem Kampf um die Macht beschäftigte. Darüber hinaus erfüllte Gladstone die Nation mit einem Geist der gemeinsamen Begeisterung und des hoffnungsvollen Einsatzes für das Gemeinwohl, insbesondere für das Wohl der Massen. Sein Rivale um die Macht hatte nichts Vergleichbares, denn sein großes Spiel bestand darin, zwei Klassen, die höchste und die niedrigste, gegeneinander auszuspielen. Gladstone war im besten Sinne ein Mann des Volkes, und das Herz des Volkes reagierte selten ungehörig auf seinen Appell. Als Verkörperung einiger großartiger Eigenschaften, insbesondere der Treue zur Gerechtigkeit, hat er niemanden hinterlassen, der ihm ebenbürtig wäre, und in dieser Stunde der Prüfung spüren wir seinen Verlust zutiefst.

Fußnoten

[1] Ich war immer der Meinung, dass eine gelegentliche oder auch nur eine einzige Sitzung des Vereinigten Parlaments in Dublin zur besonderen Regelung irischer Angelegenheiten, da der irische Charakter nun einmal der ist, eine gute Wirkung auf das irische Herz haben könnte. Sie könnte dem gegenwärtig vorherrschenden Gefühl ein Ende setzen, dass das Vereinigte Parlament Irland fremd und beinahe eine fremde Macht sei. Der Vorschlag wurde in Erwägung gezogen , aber die Unannehmlichkeiten wurden als zu groß erachtet. Doch die Unannehmlichkeiten wären billig gewesen, wenn die Maßnahme ihren Zweck hätte erfüllen können. Ein praktikablerer Weg wäre es vielleicht, den irischen Abgeordneten zu gestatten, sich in College Green zu treffen und über rein irische Fragen Gesetze zu erlassen, vorbehaltlich der endgültigen Erlaubnis oder Ablehnung des Reichsparlaments, in dem die irischen Abgeordneten weiterhin sitzen würden.

[2] „Die enorme Langlebigkeit der frühen Generationen der Menschheit war für die Bewahrung ursprünglicher Traditionen äußerst förderlich . Anstatt wie heute Zeuge oder Mitwirkender von ein oder zwei Überlieferungen vom Vater auf den Sohn zu sein, beobachtete oder beteiligte sich jeder Einzelne an zehnmal so vielen. Der hebräischen Chronologie zufolge war Lamech , der Vater Noahs, volljährig, bevor Adam starb; und Abraham war volljährig, bevor Noah starb. Ursprüngliche oder frühe Zeugen, die so lange als Maßstab bestehen blieben, bremsten offensichtlich die Schnelligkeit des Verdunkelungs- und Zerstörungsprozesses." – *Studies on Homer and the Homeric Age* , II. 4 , 5.